les recet de Légumes

de l'Oustau de Baumanière

Jean-André Charial

Illustrations de Lizzie Napoli

TYPOGRAPHIE & MISE EN PAGES D'YVES PERROUSSEAUX

ÉQUINOXE

Introduction

Pourquoi un livre de recettes uniquement de légumes ?

En 1985, j'ai fait un voyage fabuleux en Inde, découvrant toute la magie et la culture indienne, mais aussi toutes les diversités et les variétés de la cuisine végétarienne.

Tous les jours, nous étions reçus dans des familles où l'on ne mangeait ni poisson ni viande, et sortir de table sans la faim au ventre en ne mangeant que des légumes m'a ouvert bien des horizons.

À la même époque, mon grand-père, Raymond Thuilier, fondateur de l'Oustau de Baumanière, avait commencé à cultiver des petits pois et des haricots verts dans un jardin potager à côté de la Cabro d'Or. Nous récoltions ainsi une qualité de légumes incomparable ; par leur fraîcheur, ils étaient ramassés le matin et cuisinés le jour même ; par leur taille, ils sont ramassés tout petits.

C'est à cette époque-là que je me suis rendu compte que le luxe n'était pas de servir du caviar ou du foie gras, mais ces petits légumes ramassés et cuisinés le jour même.

J'ai donc décidé d'imprimer sur la carte un menu uniquement de légumes et ainsi, au fil des saisons et des changements, depuis bientôt quinze ans, nous proposons à nos clients, tous les jours, des menus de légumes.

Ce livre est donc le résultat de ces dernières années de travail.

Les légumes ne sont souvent pas mis en valeur comme ils le devraient, car il faut beaucoup de temps pour les éplucher, les préparer et, à notre époque, on a tendance à les mettre un peu de côté, au profit de préparations plus rapides.

C'est dommage et j'espère que ce livre vous donnera envie de les cuisiner encore plus, pour la plus grande satisfaction de vos amis.

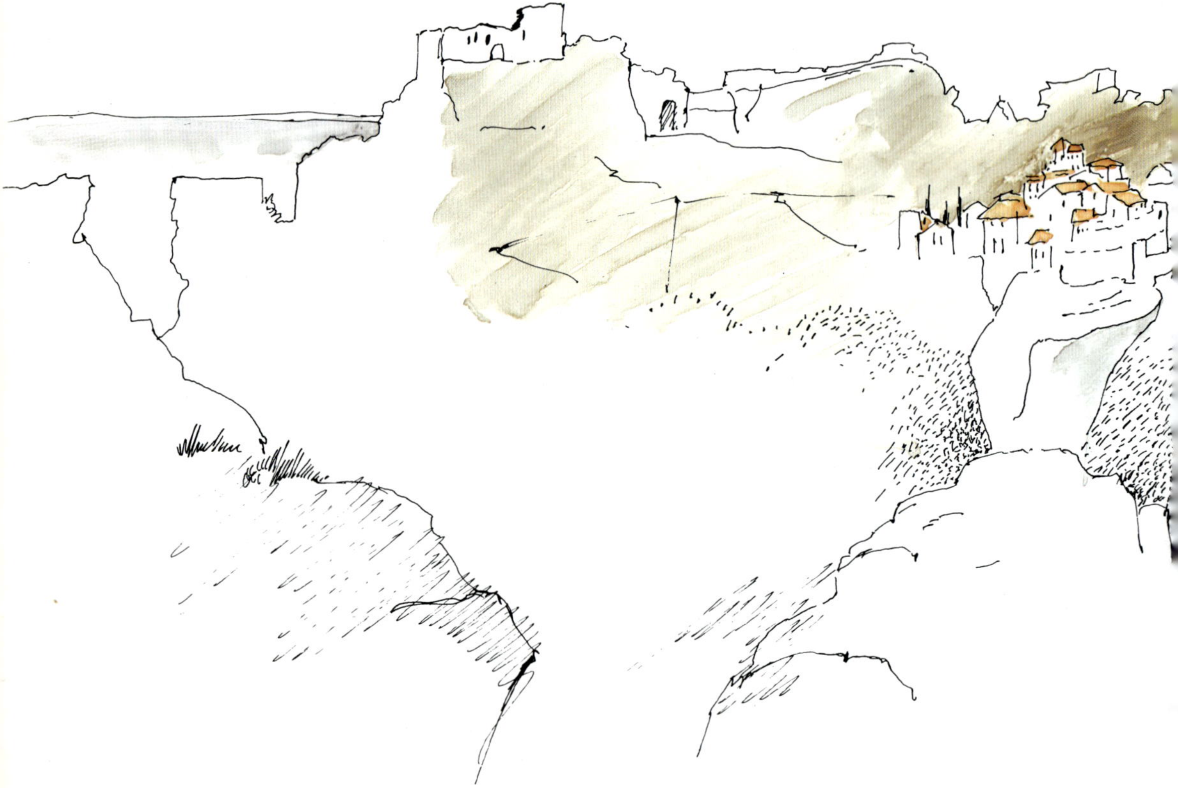

Les Baux de Provence

OUSTAU DE BAUMANIÈRE

On est d'abord saisi
par la grandeur de ce lieu
inattendu ...
(Dante n'est-il pas passé
par là ?)....

— Puis, on vous accueille
comme si on vous
avait toujours attendu....
— Vous n'avez plus qu'à vous laisser
emporter par vos rêves —
On s'occupe de tout pour vous
jusqu'à votre linge chiffonné du voyage
qu'on vous rapporte comme neuf dans
une corbeille — —

— toutefois au restaurant vous aurez
à faire l'effort de choisir entre beaucoup
de petits plats inconnus plus délicieux
les uns que les autres ! —

le restaurant

Un des jardins que desservent les chambres ou les appartements où vous pouvez prendre votre petit déjeuner..

La terrasse du manoir.

La grande terrasse
au dessus du restaurant de Baumanière.
– Vous pouvez y bronzer en contemplant
le paysage sur des chaises longues
de bateau –

La salle à manger intérieure
sous les voûtes de pierres quand l'air est
plus frais le soir
et l'hiver les chandeliers et les
feux de bois dans les hautes cheminées
remplacent le soleil ...

Vous pouvez aussi donner
des fêtes — un traiteur est à
votre disposition.

L'entrée du manoir
(une des maisons composant
l'hotel)

Dans les jardins.

Dans toutes les chambres et sur toutes les tables Jérôme, le fleuriste, compose des bouquets de fleurs, de plantes sauvages qu'il va chercher dans la colline avec tous les parfums de la Provence.

La fontaine de Cabred'ar –

Une autre maison
(La Guigou)

une chambre d'un
appartement donnant
sur un magnifique
jardin surplombant
toute la vallée.

La boutique

petite chapelle enfouie
dans la colline des Baux
en dehors de la foule.

Sommaire

SOUPES, POTAGES ET VELOUTÉS

Crème de chou-fleur à l'oseille 30
Crème de courgettes et d'aubergines au safran 31
Crème de laitue aux pommes fruits 32
Crème de poivrons rouges au gingembre 33
Potage de petits pois à la menthe 34
Soupe au pistou 36
Soupe de tomates au basilic 38
Gaspacho 39
Soupe parmentière 40
Velouté d'asperges aux huîtres 41
Velouté de topinambours au curry 42
Velouté de pistaches au poivre de Séchuan 43

SALADES

Salade Baumanière 46
Salade de concombres à l'aneth 47
Salade d'artichauts et fenouil 48
Salade d'artichauts & haricots blancs à la coriandre 49
Salade d'endives aux huîtres 50
Salade de cèpes crus au cresson 51
Salade de haricots verts et beignets de morue 52
Salade de pamplemousse et fenouil à la badiane 53
Salade de pommes de terre au vandouvan 54
Salade de pois gourmands et de ris de veau 55
Salade gourmande de truffes aux pommes de terre 56

PLATS DE LÉGUMES

Asperges rôties, jus crémeux aux asperges 59
Asperges vertes aux dés de foie de canard 60
Gâteau d'asperges 61

Assiette aux trois poireaux 62
Terrine d'artichauts
à la crème de ciboulette 63
Mousseline d'artichauts 64
Artichauts à la barigoule 65
Fèves nouvelles à la menthe fraîche 66
Indienne d'aubergines 68
Caviar d'aubergines 69
Aubergines en caton 70
Millefeuille d'aubergines
à la cardamome 71
Gratin d'aubergines 72
Cardons à la moelle 74
Chou à l'estragon 76
Endives à l'orange 77
Petits navets confits 78
Fenouil au four 79
Fleurs de courgettes
farcies à ma façon 80
Gratin de courgettes 82
Gratin de cèpes farcis 83
Croustade de cèpes 84
Raviolis de truffes aux poireaux 86
Millefeuille de blettes aux truffes 88
Fantaisie en blanc & noir 90
Mousseline de céleris-raves 91
Oignons frits 92
Confiture d'oignons 93
Poivrons farcis à la brousse 94
Petits légumes farcis 96
Pommes de terre écrasées
au beurre de ciboulette 98
Pommes de terre soufflées 99
Purée de pommes de terre
à l'huile d'olive 100
Ragoût de haricots blancs
et chanterelles 101
Gratin dauphinois Baumanière 102
Ravioles glacées de céleris,
aux champignons de saison,
à l'orange 104
Tarte aux épinards 105
Coulis de tomates fraîches 106
Tomates-cerises
sautées à la ciboulette 107
Tomates farcies 108
Tagliatelles aux tomates
et aubergines à la cardamome 110
Farfalles aux fonds d'artichauts,
fèves et pointes d'asperges 112
Spaghettis au fenouil safrané 113
Spaghettis aux trois céréales,
aux chanterelles et aux olives 114
Spaghettis au blé complet
et au pistou 115
Riz aux endives, à la badiane
et à l'orange 116

Soupes, potages & veloutés

Crème de chou-fleur à l'oseille

Ingrédients
pour 4 personnes :
1 beau chou-fleur.
1 petit poireau.
4 dl de crème fraîche.
200 g d'oseille.
Sel, poivre.
1 verre de vinaigre.
20 g de beurre.
1 litre de bouillon
de volaille.

NETTOYEZ le chou-fleur, faites-le tremper quelques minutes dans une eau légèrement vinaigrée, puis égouttez. Émincez les poireaux. Faites fondre le beurre dans une casserole.

Ajoutez le poireau et faites suer légèrement. Rajoutez le bouillon de volaille, sel et poivre. Portez à ébullition puis ajoutez le chou-fleur. Couvrez et laissez cuire.

Nettoyez l'oseille, lavez-la et faites tomber dans une casserole. Réservez.

Lorsque le chou-fleur est cuit, passez au moulin à légumes ou au mixer, puis passez au chinois dans une autre casserole. Ajoutez l'oseille puis la crème. Rectifiez l'assaisonnement en prenant soin que la crème de chou-fleur soit bien onctueuse.

Crème de courgettes et d'aubergines au safran

Ingrédients pour 5 à 6 personnes :

1 kg de courgettes.
1 kg d'aubergines.
1 poivron.
1 cuillerée de sucre.
1 litre de crème.
1 gramme de safran.
Sel.
Poivre.

COMMENCEZ par tailler les courgettes, les poivrons et les aubergines en petits dés. Mettez-les ensemble dans une poêle avec de l'huile d'olive. Sucrez légèrement, salez, poivrez et faites caraméliser.

Ajoutez la crème et le safran et faites réduire une dizaine de minutes. Mixez et passez au chinois cette crème qui doit être onctueuse.

Ce plat peut se déguster froid également.

Potage de petits pois à la menthe

Ingrédients :

2 kg de petits pois frais.
500 g de pommes de terre.
50 g de beurre.
3 poireaux.
1 oignon.
2 bouquets de menthe fraîche.

ÉCOSSEZ les petits pois. Pelez et émincez l'oignon. Pelez les pommes de terre. Nettoyez les poireaux et coupez-les grossièrement. Mettez, à feu doux, 50 g de beurre, l'oignon émincé, les poireaux et les queues de menthe dans la casserole couverte. Laissez cuire 5 minutes, surtout sans faire dorer.

Ajoutez 2 litres d'eau froide et montez le feu. Aux premiers signes d'ébullition, incorporez les pommes de terre, salez, poivrez et cuire 15 à 20 minutes. Lorsque les pommes de terre paraissent cuites, ajoutez les petits pois et les feuilles de menthe et laissez encore sur le feu 7 minutes.

Passez le tout au mixer et mettre immédiatement à rafraîchir au frigidaire pour que le potage reste bien vert.

Soupe au pistou

Ingrédients
pour 4/6 personnes :

2 poireaux moyens, blanc et vert pâle seulement, coupés en fines rondelles.
175 g d'oignons finement émincés.
175 g de carottes coupées en 4 dans le sens de la longueur et finement émincées.
350 g de pommes de terre coupées en 4 dans le sens de la longueur et émincées.
500 g de haricots blancs frais écossés.
1 bouquet garni avec une branche de céleri.
2,5 l d'eau bouillante.

FAITES CUIRE les poireaux, les oignons, les carottes, les pommes de terre, le potiron, les haricots blancs et le bouquet garni dans l'eau bouillante salée, à couvert et à feu modéré, pendant 30 minutes.

Vérifiez la cuisson des haricots, éventuellement les faire cuire un peu plus longtemps, jusqu'à ce qu'ils s'écrasent facilement – ils doivent être cependant intacts.

Ajoutez les haricots verts, les courgettes et les macaronis et laissez cuire 15 minutes environ, selon la qualité des macaronis (qui doivent être bien cuits sans se désagréger) et la tendreté des haricots verts.

Pendant que la soupe cuit, préparez le pistou : dans un grand mortier (un mortier en marbre de 1 litre pour aïoli convient parfaitement, mais vous pouvez, le cas échéant, prendre un bol en bois), écrasez avec un pilon en bois l'ail, le basilic, sel et poivre en pilant et en remuant alternativement. Incorporez un peu de fromage jusqu'à obtention d'une pommade très ferme puis ajoutez un tiers

175 g de haricots verts frais effilés et coupés en tronçon de 1 cm.
2 ou 3 petites courgettes fermes coupées en tranches de 5 mm.
90 g de macaronis courts.
Sel.

Pistou :
4 gousses d'ail.
60 g de feuilles et fleurs de basilic.
Sel et poivre du moulin.
90 g de parmesan fraîchement râpé.
1 tomate moyenne ferme et mûre, pelée, épépinée et coupée en morceaux.
50 cl d'huile d'olive.

environ de la tomate sans cesser de piler et d'écraser, encore du fromage et un soupçon d'huile d'olive, encore la tomate, etc.

L'addition finale de fromage donnera la consistance d'une pâte à peine fluide. Ajoutez lentement le reste d'huile d'olive, sans cesser de tourner le pilon. Le mélange ne se transformera pas (et ne doit pas se transformer) en véritable émulsion. Il faut mélanger intimement le pistou chaque fois que l'on sert.

Mettez 2 cuillerées à soupe de pistou dans chaque assiette et servir la soupe bouillante.

Soupe de tomates au basilic

Ingrédients :
1 kg de tomates.
4 pièces d'oignons.
3 bottes de basilic.
Huile d'olive.
Sel, poivre.
1 pomme de terre.
1/2 litre de bouillon.
1 tomate pour garniture.

ÉPLUCHEZ les oignons, émincez-les en prenant soin de ne pas trop les colorer. Ajoutez les quartiers de tomates émondées et épépinées. Bien faire revenir et portez à ébullition, ajoutez la pomme de terre coupée grossièrement, salez et laissez mijoter à feu doux.

À la fin de la cuisson, ajoutez le basilic. Passez le tout au mixer et rectifiez l'assaisonnement, puis passez au chinois étamine.

Coupez une tomate émondée en petits dés pour garniture.

Gaspacho

Ingrédients :

1 kg de tomates.
1 concombre.
1 gousse d'ail.
2 échalotes.
1 cuillerée de ketchup.
1 goutte de tabasco.
3 à 4 feuilles de menthe.

MONDEZ la tomate de la façon suivante : commencez par tailler avec un petit couteau pointu un cône autour de la queue afin de retirer en même temps la partie un peu dure de chair. Pour peler la tomate, taillez une petite croix à la base du fruit, puis le plonger 12 secondes dans une casserole d'eau en ébullition et ensuite 15 secondes dans l'eau froide. La peau se retire alors toute seule.

Coupez la tomate dans le sens de la largeur et, à l'aide du couteau, retirez les pépins et la pulpe pour ne conserver que la chair.

Mixez tous les ingrédients, ajoutez une cuillerée de mayonnaise.

Servez bien frais.

Soupe parmentière

Ingrédients :
1 poireau.
1 échalote.
200 g de pommes de terre.
50 g de beurre.
Sel.
1 litre de fond de volaille ou de bouillon de légumes.
20 cl de crème.

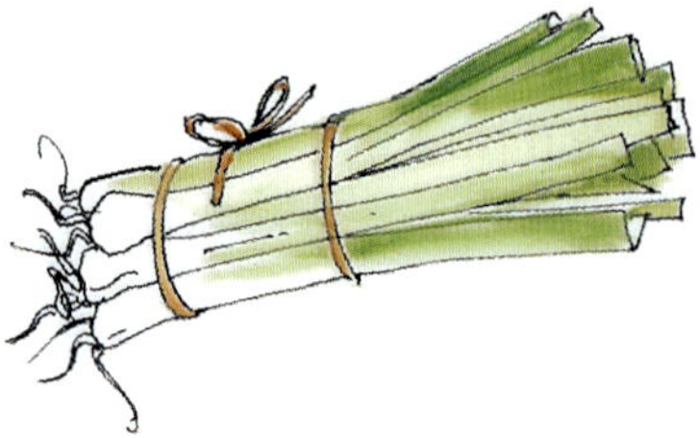

PRENEZ le poireau, lavez-le. Retirez l'extrémité vert foncé et gardez-en 50 g pris pour moitié dans le blanc, émincez très finement. Faites cuire les pommes de terre à l'eau salée. Pelez-les et passez-les au mixer (150 g).

Pelez et hachez les échalotes.

Mettez 50 g de beurre à fondre dans une casserole. Hachez les poireaux, mouillez avec le fond de volaille, laissez cuire 4 à 5 minutes. Incorporez 150 g de pommes de terre en purée, en plusieurs fois, en fouettant pour bien délayer avec la crème.

Si la parmentière vous paraît trop épaisse, ajoutez un peu de fond ou de bouillon, retirez du feu et rectifiez l'assaisonnement.

Velouté d'asperges aux huîtres

Ingrédients
pour 4 personnes :

1 douzaine d'huîtres.
1 botte d'asperges vertes
(Ø 1 cm environ).
3/4 l de crème.
1/4 l de fumet
de poisson.

ÉPLUCHEZ les asperges, coupez les pointes et faites-les cuire à l'eau bouillante salée, les rafraîchir à l'eau glacée. Coupez les queues en petits tronçons, faites-les revenir avec du beurre dans une casserole haute, rajoutez le fumet de poisson, la crème et faites réduire à nouveau. Passez au mixer pour bien développer les arômes, passez ensuite au chinois.

Ouvrez les huîtres, faites-les tiédir légèrement, déposez-les au fond de l'assiette préalablement chauffée, ajoutez le jus d'huîtres dans le potage, faites-le réduire s'il n'a pas la consistance voulue et versez-le sur les huîtres, ajoutez les pointes d'asperges que vous aurez faites réchauffer au beurre.

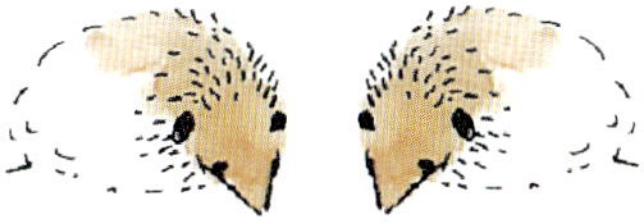

Velouté de topinambours au curry

Ingrédients :

500 g de topinambours.
1/2 l de fond de volaille.
1/4 l de crème liquide.
1 cuillerée à café
de curry.
1 cuillerée à café de miel.
Huile d'olive
de la vallée des Baux.

LAVEZ les topinambours mais ne pas les éplucher. Taillez-les en petits cubes, mettez dans une poêle un peu d'huile d'olive et faites-les revenir cinq minutes. Ajoutez le miel de façon à caraméliser légèrement les cubes de topinambours, puis saupoudrez-les avec le curry et ajoutez le fond de volaille et la crème fraîche.

Laissez cuire environ 30 minutes et passez ensuite au chinois.

Velouté de pistaches au poivre de Séchuan

Ingrédients
pour 6 personnes :

500 g de pistaches vertes décortiquées.
20 g de poivre de Séchuan.
10 g de miel.
1/4 l de champagne.
1/4 l de fond de volaille.
1/2 litre de crème.
1 jus de citron.

METTEZ le miel dans une casserole sur feu vif. Une fois fondu, ajoutez-y les pistaches vertes décortiquées entières pour les caraméliser pendant 5 minutes. Déglacez ce mélange avec le champagne, ajoutez le fond de volaille et la crème au mixeur, laissez-le mijoter 45 minutes à découvert et à tout petit feu.

Passez au chinois, salez, ajoutez le poivre de Séchuan au dernier moment, puis un jus de citron.

Au moment de servir, ajoutez quelques pistaches broyées.

Salades

Salade Baumanière

Ingrédients :

1 cœur de laitue.
2 tomates mondées.
1 tranche
de jambon cru.
100 g de haricots verts.
50 g de pignons.
2 cœurs de palmiers.
2 fonds d'artichauts.
Quelques feuilles
de basilic.
Huile d'olive de la vallée
des Baux.
Vinaigre de Xérès.

VOUS commencez par faire cuire deux fonds d'artichauts, vous mondez deux tomates et vous les coupez en tranches.
Vous faites cuire 100 grammes de haricots verts et vous les tenez craquants.

Hachez finement une tranche de jambon cru et mélangez tous les éléments en laissant sur le dessus les pignons et le basilic.

Faites une bonne vinaigrette et vous mélangez bien le tout; vous pouvez également servir cette salade avec la sauce suivante : 1 dl de crème fouettée avec quelques gouttes de citron.

Salade de concombres à l'aneth

Ingrédients :
4 concombres.
2 gousses d'ail.
150 g de yaourt.
Le jus d'un citron.
2 cuillerées d'aneth haché.
Huile d'olive de la vallée des Baux.
Jeunes pousses d'épinards.

COMMENCEZ par peler et émincer les concombres. Disposez les tranches dans un plat, salez et faites dégorger environ 1 heure. Pressez les gousses d'ail de façon à obtenir une purée, mettez-les dans un bol, mélangez avec le yaourt, le jus de citron, l'aneth haché, sel, poivre.

Lavez les feuilles d'épinards.

Mélangez les concombres avec la sauce au yaourt, disposez les feuilles d'épinards sur l'assiette autour et les concombres au centre.

Salade d'artichauts et fenouil

Ingrédients :
8 jeunes artichauts violets.
Le jus d'un citron.
4 bulbes de fenouil.
1 dl d'huile d'olive de la vallée des Baux.
50 g de parmesan coupé en lamelles.

DANS un cul de poule, mettez un peu d'eau et le jus d'un citron. Coupez les artichauts de façon à enlever les feuilles et ne garder que les fonds. Enlevez les foins et coupez les fonds d'artichauts en fines lamelles. Plongez-les dans l'eau citronnée.

Émincez les bulbes de fenouil également.

Faites une vinaigrette avec de l'huile d'olive, le jus de citron, sel et poivre.

Disposez dans chaque assiette, en alternance, les fenouils et les artichauts, versez une vinaigrette par-dessus puis disposez quelques lamelles de parmesan.

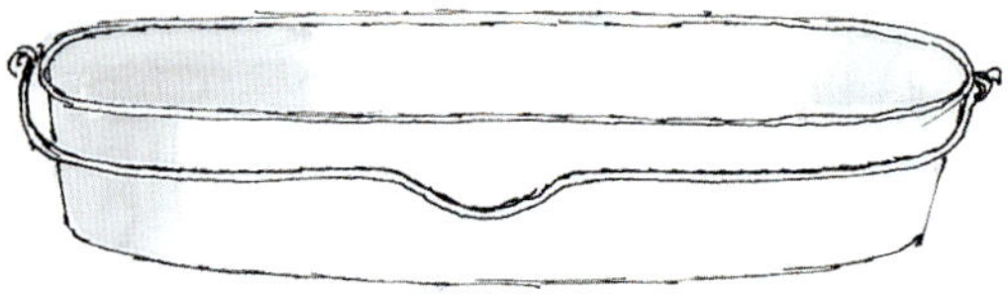

Salade d'artichauts & haricots blancs à la coriandre

Ingrédients :
12 artichauts violets.
200 g de haricots blancs frais.
0,5 litre de fond blanc.
0,5 litre de vin blanc.
20 g de coriandre.
100 g de lardons salés.
Huile d'olive.
Jus de citron, sel, poivre.
1 bouquet de coriandre frais.

TOURNEZ les 12 artichauts. Écossez les haricots. Taillez les lardons et les blanchir. Dans deux casseroles, faites revenir dans un peu d'huile d'olive les lardons et la coriandre.

Mettez à suer dans une les artichauts et dans l'autre les haricots. Mouillez les deux casseroles avec le fond blanc et le vin blanc. Laissez cuire à feu doux et couvert.

Réalisez une vinaigrette avec du jus de cuisson, de l'huile d'olive, du jus de citron, sel, poivre. Laissez refroidir les haricots et les artichauts. Parez les artichauts.

Disposez harmonieusement les haricots et trois artichauts par personne. Disposez la coriandre fraîche sur les assiettes.

Nappez de vinaigrette, servir frais.

Salade d'endives aux huîtres

Ingrédients :

3 endives.
1/2 céleri boule.
16 belles huîtres.
Huile d'arachide.
Vinaigre de xérès.
1 tranche
de langue écarlate.

Ustensiles :
1 saladier.
1 planche à découper.

COUPEZ les endives en petits morceaux en conservant, pour chaque convive, quatre belles petites feuilles qui serviront chacune de barquette de présentation pour une huître. Pelez le céleri, puis coupez-en la moitié en une fine julienne, c'est-à-dire en bâtonnets de 1 mm d'épaisseur sur 4 à 6 cm de longueur. Coupez la tranche de langue écarlate en petits bâtonnets.

Préparez une vinaigrette en mélangeant un quart de vinaigre pour trois quarts d'huile et y ajouter l'eau des huîtres. Goûtez, ajoutez sel et poivre si nécessaire. Mélangez les endives coupées, les bâtonnets de langue écarlate, la julienne de céleri et ajoutez la vinaigrette.

Présentation des assiettes : dans chaque assiette, préparez un lit de salade d'endives et céleri. Posez au centre les quatre petites feuilles avec, dans chacune d'elles, une huître. Au dernier moment, versez un tout petit peu de vinaigrette sur chaque huître.

Salade de cèpes crus au cresson

Ingrédients :
8 pieds de cèpes d'environ 8 cm de diamètre.
Huile d'olive.
Jus de citron.
Une botte de cresson.
Une cébette.

ESSUYEZ avec un torchon humide les têtes des cèpes qui doivent être bien fermes. Les couper au ras du chapeau. Parez les pieds et hachez finement la partie comestible. Hachez une cébette et mélangez les pieds avec cette cébette. Faites un petit dôme au milieu de l'assiette.

Émincez les chapeaux des cèpes en fines lamelles et disposez dans l'assiette, tout autour des pieds hachés.

Lavez le cresson et passez-le au mixer de façon à obtenir un jus. Faites une vinaigrette avec l'huile d'olive, le jus de citron et le jus de cresson. Disposez autour des cèpes sur l'assiette.

Salade de haricots verts et beignets de morue

Ingrédients pour 4 personnes :

400 g de haricots verts fins.
800 g de morue.
3 cuillerées à soupe de brandade de morue.
33 cl de bière.
150 g de farine.
25 g de levure.
Huile d'olive.
Vinaigre de Xérès.
Moutarde.
Huile d'arachide.

COMMENCEZ par éplucher les haricots verts, faites-les cuire 5 minutes dans une eau très salée à découvert, égouttez. Les rafraîchir dans de l'eau avec des glaçons et égouttez.

Préparez la vinaigrette avec 1 cuillerée à soupe de moutarde, 1 cuillerée à soupe de vinaigre de Xérès, sel, poivre et 3 cuillerées à soupe d'huile d'olive.

Préparez les filets de morue : les aplatir de façon à ce qu'ils fassent 5 millimètres d'épaisseur, les assaisonner avec l'huile d'olive et du citron. Mettez à l'intérieur un peu de brandade de morue et les refermer, les rouler de façon à former un petit boudinet. Coupez 3 tranches de ce boudin par personne, et préparez ensuite la pâte à beignets en mélangeant et en fouettant la farine, la levure et la bière.

Faites chauffer l'huile d'arachide à environ 200 °C. Trempez les morceaux de morue dans la pâte à beignets puis dans la friture. Assaisonnez les haricots verts avec la vinaigrette, disposez-les au centre de l'assiette et les beignets autour.

Salade de pamplemousse et fenouil à la badiane

Ingrédients :
2 pamplemousses.
2 fenouils.
1/4 l d'eau.
125 g de sucre.
4 étoiles de badiane.

RÉALISEZ un sirop avec l'eau, le sucre et la badiane. Faites bouillir et laissez infuser. Parez les fenouils et émincez ; faites-en pocher un dans le sirop gardez l'autre cru.

Pelez les pamplemousses à vif et découpez les suprêmes. Récupérez le jus.

Dans une assiette creuse, disposez les quartiers de pamplemousses, les fenouils crus et pochés mais froid et nappez avec un peu de sirop et un peu de jus de pamplemousse.

Salade de pommes de terre au vandouvan

Ingrédients :
600 g de pommes de terre.
1 batavia.
1 scarole.
1/2 litre de fond blanc.
10 g de vandouvan.
Huile d'olive.
Vinaigre de Xérès.
Sel, poivre.

ÉPLUCHEZ et taillez en rondelles les pommes de terre. Disposez-les dans une casserole et mouillez avec le fond blanc et le vandouvan. Porter à ébullition et cuire à feu doux. Décantez et réservez au frais les pommes de terre.

Réalisez une vinaigrette à l'huile d'olive, le vinaigre, le sel, le poivre et un peu de jus de cuisson des pommes de terre.

Triez les deux salades et nettoyez-les.

Dressez dans une assiette le mélange de salades au centre, les rondelles de pommes de terre autour et nappez de vinaigrette.

Salade de pois gourmands et de ris de veau

Ingrédients pour 4 personnes :

600 g de ris de veau.
1 kg de pois gourmands.
2 dl de fond de volaille.
1 œuf.
50 g de farine.
100 g de noix.
Moutarde.
Huile d'olive.
Vinaigre.

FAÎTES dégorger à l'eau froide, les ris de veau pendant 12 heures, les blanchir, les débarrasser des gorges et filaments. Braisez-les ensuite dans un peu de fond de volaille, gardez-les peu cuits. Coupez-les en petits dés de 2 cm2, passez-les à la farine et à l'œuf dilué dans un peu d'eau, puis dans les noix hachées très finement.

Faites cuire à l'eau bouillante très salée et à découvert les pois gourmands pendant 3 minutes environ, refroidissez-les immédiatement dans de l'eau glacée.

Faites ensuite une vinaigrette avec la moutarde, le vinaigre et l'huile d'olive dans la proportion d'une cuillerée de vinaigre pour trois d'huile d'olive, assaisonnez les pois gourmands avec la vinaigrette et dressez sur une assiette.

Frire à l'huile d'arachide les morceaux de ris de veau et les dresser sur assiette également autour des pois gourmands.

Salade gourmande de truffes aux pommes de terre

Ingrédients :

80 g de truffes (du Tricastin de préférence).
200 g de salade de mâche.
4 grosses pommes de terre.
Vinaigre de Xérès.
Huile d'olive.
Citron, sel, poivre.

Ustensiles :

1 planche à découper.
1 saladier.

Préparation

Découpez les truffes en rondelles très fines.

Préparez une vinaigrette avec 1 cuillerée à soupe de vinaigre de Xérès et 3 cuillerées à soupe d'huile d'olive. Ajoutez un filet de citron.

Bien nettoyer la mâche. L'essuyer puis la tourner dans le saladier avec la moitié de la vinaigrette.

Épluchez les pommes de terre et avec un emporte pièce leur donner une taille similaire à celle des truffes. Les couper en rondelles de 1 mm d'épaisseur. Les faire sauter à la poêle dans un peu de beurre et d'huile d'olive.

Présentation des assiettes

Disposez sur chaque assiette un peu de mâche et, par-dessus les rondelles de truffes et de pommes de terre encore tièdes.

Plats de légumes

Asperges rôties, jus crémeux aux asperges

Ingrédients
pour 2 personnes :
12 asperges moyennes.
20 g de beurre.
10 g de parmesan.
10 cl de fond de volaille.
2,5 dl de crème fouettée.
Sel, poivre.
Épine vinette.
1 jus d'orange.

PELEZ les asperges et raccourcir à 10 cm. Les faire cuire une dizaine de minutes à l'eau bouillante. Coupez les queues en tronçons et faites-les cuire avec le fond de volaille une quinzaine de minutes suivant la taille des asperges, passez-les au chinois en les appuyant bien. Faites réduire.

Passez les asperges dans une poêle avec une noisette de beurre et saupoudrez de parmesan. Colorez-les légèrement.

Faites cuire les fruits d'épine vinette dans le jus d'orange pendant 2 minutes.

Dressez les asperges dans une assiette. Mettez dessus le jus crémeux d'asperges lié avec la crème fouettée et quelques fruits d'épine vinette.

Asperges vertes aux dés de foie de canard

Ingrédients pour 4 personnes :

1,5 kg d'asperges vertes.
200 g de foie de canard.
20 g de beurre.
1 cuillerée à soupe de vinaigre.
10 cl d'huile d'olive.
2 œufs.

FAITES cuire les asperges à grande eau salée. Coupez les escalopes de foie chaud, de façon à obtenir des cubes de 1 cm de côté.

Faites cuire les 2 œufs une dizaine de minutes, les écaler, séparez les jaunes des blancs et les couper en tout petits dés.

Passez les pointes d'asperges dans le beurre. Poêlez le foie 1 minute de chaque côté. Réservez au chaud.

Enlevez la graisse de la poêle, déglacez avec le vinaigre et montez à l'huile d'olive en émulsionnant la sauce.

Répartir les cubes de foie gras sur les asperges et nappez avec la vinaigrette. Parsemez de blancs et jaunes d'œufs.

Gâteau d'asperges

Ingrédients :
1 kg d'asperges.
2 œufs entiers.
1 jaune d'œuf.
Un petit peu de noix de muscade.
4 cuillerées à soupe de coulis de tomates fraîches.

COMMENCEZ par éplucher les asperges, lavez-les et les cuire à grande eau salée, pendant une dizaine de minutes. Égouttez-les et réservez une douzaine de pointes.

Passez le reste au mixer et ensuite au tamis de façon à éliminer les filaments.

Versez le tout dans une casserole et à feu doux laissez réduire de façon à perdre à peu près le quart du volume.

Mélangez à la purée d'asperges les œufs entiers, le jaune d'œuf et la noix de muscade. Salez, poivrez.

Beurrez des petits ramequins et les remplir avec la préparation précédente.

Cuire ensuite au four à 200°C, au bain-marie.

Démoulez les petits flans d'asperges en disposant de chaque côté les pointes que vous aurez faites revenir au beurre.

Nappez avec un coulis de tomates fraîches (voir recette, page 106).

On peut préparer également un flan d'épinards ou un flan de carottes de la même façon.

Assiette aux trois poireaux

Ingrédients :

3 poireaux.
1 dl de crème.
10 g de beurre.
1 l d'huile d'olive
ou d'arachide.
1 jus de viande.
Sel.
Poivre.

LAVEZ les poireaux et enlevez la partie verte. Taillez un poireau en julienne, très fine. Faites-le frire à l'huile d'arachide.

Coupez le 2e poireau en brunoise et faites-le compoter avec de la crème. Salez et poivrez.

Coupez le 3e poireau en biseau et poêlez les morceaux au beurre.

Dressez sur assiette la compote de poireaux au centre, les morceaux en biseau autour et le poireau frit par dessus. Ajoutez un cordon de jus de viande au dernier moment.

Terrine d'artichauts à la crème de ciboulette

Ingrédients :

4 kg d'artichauts.
1 litre de crème.
8 jaunes d'œufs.
Sel, poivre.
Ciboulette.
1 cuillerée de farine.

TOURNEZ 4 kg d'artichauts (c'est-à-dire enlevez les feuilles pour garder les fonds), faites-les cuire dans un blanc (c'est-à-dire de l'eau et de la farine), enlevez les foins, escalopez les fonds. Rangez les artichauts dans une terrine beurrée, montez la terrine en mettant entre chaque couche la ciboulette hachée.

Faites un appareil à quiche (mélangez la crème et les jaunes d'œufs) et coulez-le dessus. Faites cuire au four, au bain-marie, doucement environ 30 minutes, puis laissez refroidir 12 heures. Démoulez et tranchez.

Servez avec une sauce, crème fouettée ciboulette.

Mousseline d'artichauts

Ingrédients :

16 petits artichauts.
1/2 l de crème.
1 jus de citron.
1 cuillerée de farine.
5 cl de jus de truffe.
10 g de beurre.

Temps de préparation :

10 minutes.

Temps de cuisson :

40 minutes.

COMPTEZ environ 16 petits artichauts comme on en trouve dans notre Provence. Vous saurez tourner ces artichauts habilement, c'est-à-dire en couper les feuilles aux ciseaux pour garder seulement les fonds que vous mettrez à cuire dans un bouillon blanc *(de l'eau salée, légèrement citronnée et une bonne cuillerée de farine bien délayée).*

Cette préparation simple a pour seul but d'éviter le noircissement des fonds. Vous les laisserez cuire juste ce qu'il faut, bien sûr. Vous les retirerez en les égouttant bien et vous les passerez au tamis fin.

Enfin en remuant vivement cette préparation, avec un fouet ou de préférence une spatule de bois, vous ajouterez dans votre casserole maintenue au chaud, de la crème, puis deux bonnes noix de beurre et 5 cl de jus de truffes.

Vous pourrez ensuite rectifier l'assaisonnement avec sel et poivre blanc du moulin. La consistance de cette préparation doit être onctueuse et bien tenue sans être liquide, car il s'agit d'une mousseline bien sûr.

Artichauts à la barigoule

Ingrédients :

12 petits artichauts violets.

100 g de jambon de parme.

100 g de lard salé.

2 champignons.

1 échalote.

1 branche de persil.

2 cuillerées d'huile d'olive.

1 cuillerée de glace de viande.

1 dl de fond de volaille.

COUPEZ l'extrémité des feuilles des artichauts, enlevez les premières feuilles dures pour ne laisser que celles de l'intérieur qui sont tendres. Ôtez le foin avec une lame de couteau et garnissez l'intérieur d'une farce faite de lard, de jambon, de champignons, échalote, persil, le tout haché très fin. Maniez cette farce avec un peu de beurre et d'huile d'olive et vous ficelez l'artichaut afin de maintenir la farce à l'intérieur pendant la durée de la cuisson.

Dans une casserole, dressez vos artichauts, après avoir mis dans le fond quelques bardes d'un lard maigre, recouvrez également vos artichauts de bardes. Baignez avec un peu de glace de viande et de bouillon et couvrez d'un papier sulfurisé ou d'aluminium. Laissez cuire à feu relativement vif pendant 3/4 d'heure environ.

Après cuisson, déficelez vos artichauts et liez votre fond avec un petit peu de crème, laissez réduire, ajoutez quelques gouttes de citron avant de servir.

Fèves nouvelles à la menthe fraîche

Ingrédients :

2 kg de fèves écossées.
20 cl de crème.
2 cuillerées à soupe de menthe fraîche hachée.
Sel, poivre.

Il vaut mieux prendre des fèves jeunes, qui sont plus tendres et moins farineuses et il faut les décortiquer après les avoir écossées; c'est un travail un petit peu long et fastidieux, mais les fèves sont tellement délicieuses...

Faites cuire les fèves à l'eau bouillante salée environ 3 à 4 minutes suivant leur taille. Mettez la crème dans une sauteuse, faites-la réduire et jetez les fèves égouttées, ajoutez la menthe hachée, assaisonnez et bien mélanger sans briser les légumes.

Placez dans un légumier.

pepsil

Indienne d'aubergines

Ingrédients :
500 g d'aubergines.
50 g de gingembre.
4 gousses d'ail.
2 feuilles de laurier.
2 cuillerées de xérès.
30 cl d'huile de sésame.
Sel, poivre.
2 cuillerées à soupe de miel.
2 cuillerées à soupe de moutarde en graine.
1 cuillerée de cumin.

PRENEZ les aubergines et lavez-les. Taillez-les en petits dés et les frire à l'huile de sésame. Égouttez-les légèrement. Colorez avec le miel, ajoutez le gingembre haché très fin, le xérès, le cumin et laissez cuire 15 à 20 minutes doucement.

Au dernier moment, incorporez la moutarde en graine.

Cette préparation peut accompagner des pâtes ou certains poissons et crustacés.

Caviar d'aubergines

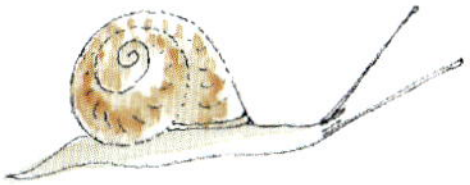

Ingrédients
pour 6 personnes :

6 aubergines
de taille moyenne.
1 gros oignon.
Huile d'olive.
Sel.
Poivre.
Olives noires.
Persil haché.

FAITES griller les aubergines directement sur la flamme ou sur un gril en fonte ou encore sur la braise. À défaut, les mettre à four chaud enveloppées dans du papier d'aluminium

Retournez-les régulièrement et ne les retirer que lorsqu'elles sont bien molles. Attrapez-les alors par le pédoncule en prenant garde de ne pas se piquer avec les épines. Pelez les aubergines et laissez-les égoutter 1/2 heure dans une passoire.

Écrasez ensuite la pulpe à la fourchette. Hachez finement l'oignon, mélangez-le à la purée d'aubergines, puis versez doucement l'huile en filet tout en remuant pour bien homogénéiser, comme pour une mayonnaise. Salez, poivrez.

Ajoutez à cette préparation du persil haché et des tranches d'olives noires dénoyautées.

Servez encore légèrement tiède ou très frais.

Aubergines en caton

Ingrédients :
4 aubergines moyennes.
1 bouquet de basilic.
2 gousses d'ail.
Huile d'olive.

Ustensiles :
Bol.
Four préchauffé
à 200 °C.

PIQUEZ les aubergines avec une fourchette comme cela se fait pour la cuisson des saucisses. Mettre sur une plaque au four 25 minutes. Pelez l'ail, coupez les gousses en deux et retirez le germe. Hachez finement avec le basilic. Pilez le tout et mettre dans un bol avec quatre bonnes cuillères d'huile d'olive. Salez et poivrez.

Bien mélanger avec une fourchette.

Sortez les aubergines du four.

Coupez en deux, nappez-les du mélange d'huile-basilic-ail.

Les aubergines ainsi préparées se mangent à la cuillère.

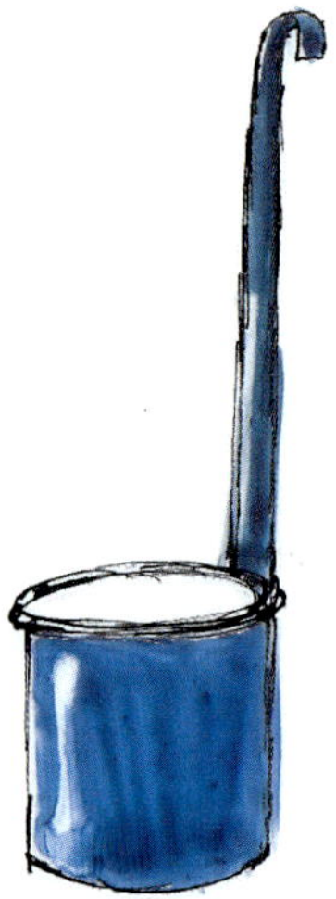

Mille feuille d'aubergines à la cardamome

Pour 6 personnes :
2 kg d'aubergines.
10 g de cardamome.
1/2 l d'huile d'olive.
50 g de farine.
3 poivrons rouges.
1/4 l de crème.
1 citron.

PRÉPAREZ un caviar d'aubergines. Coupez l'extrémité de chaque aubergine, enveloppez-les dans du papier d'aluminium et les faites cuire au four chaud environ une demi heure. Ensuite, vous coupez les aubergines en deux et, avec une cuillère, vous raclez la chair qui doit se détacher facilement. Si tel n'était pas le cas, cela signifierait que les aubergines ne sont pas assez cuites.

Finissez cette purée avec de l'huile d'olive et ajoutez un peu de cardamome ; mettez de côté.

Coupez des rondelles très fines d'aubergines, farinez-les et faites-les cuire dans l'huile d'olive de façon à ce qu'elles soient très craquantes.

Coupez les poivrons rouges en petits morceaux, faites-les sauter dans de l'huile d'olive dans une casserole. Dès que la couleur devient orangée, ajoutez la crème et laissez cuire. Passez au chinois.

Mettez sur chaque assiette trois petits tas de caviar d'aubergines, puis sur le dessus les rondelles d'aubergines frites, et ainsi de suite : caviar, rondelle, caviar, rondelle, etc. Nappez de crème de poivrons tout autour de l'assiette.

Gratin d'aubergines

Ingrédients :

4 aubergines.
20 cl d'huile d'olive.
Basilic.
Chapelure.

Pour la concassée de tomates :

2 kg de tomates.
1 oignon.
3 gousses d'ail.
4 cuillerées à soupe d'huile d'olive.
1 cuillerée à soupe de sucre en poudre.
1 cuillerée à soupe de concentré de tomates.
Basilic ou estragon *(facultatifs)*.
3 queues de persil.
1 petite branche de thym.
1 feuille de laurier.

La concassée de tomate ainsi que les aubergines peuvent être préparées plusieurs heures à l'avance, le gratin ne se faisant cuire qu'au dernier moment. Commencez par mettre le four à chauffer au maximum avec le plat destiné au bain-marie contenant 3 cm d'eau. Pour éviter une ébullition en cours de cuisson, il suffit de mettre au fond du plat une feuille de papier journal pliée en deux.

Préparation de la concassée de tomates

Épluchez l'ail. Pelez et hachez l'oignon. Mondez les tomates de la façon suivante : commencez par tailler avec un petit couteau pointu un cône autour de la queue afin de retirer en même temps la partie un peu dure de chair. Pour peler les tomates, taillez une petite croix à la base des fruits puis plongez-les 12 secondes dans une casserole d'eau en ébullition, et ensuite 15 secondes dans l'eau froide. La peau se retire alors toute seule. Coupez les fruits dans le sens de la largeur et, à l'aide du couteau, retirez les pépins et la pulpe pour ne conserver que la chair.

Ustensiles :

1 grand faitout.
1 grande poêle.
1 plat à gratin allant sur le feu.
1 plat dans lequel on peut mettre le précédent au bain marie.
1 petit couteau pointu.
Papier absorbant.
Four sur position maximum.

Dans le faitout, faites dorer les 3 gousses d'ail entières avec l'huile d'olive. Ajoutez l'oignon haché. Faites-le très légèrement cuire *(il ne faut pas lui laisser le temps de blondir)*, puis incorporez les tomates mondées, le concentré de tomate, sel, poivre, sucre en poudre, persil, thym, laurier et, éventuellement, quelques feuilles d'estragon ou de basilic. Laissez cuire une heure à feu doux.

Préparation du gratin

Épluchez les aubergines et coupez des tranches de 3 mm d'épaisseur dans le sens de la longueur. Dans une grande poêle, frire les aubergines des deux cotés dans 20 cl d'huile d'olive jusqu'à ce qu'elles aient une belle couleur dorée. Procédez en plusieurs fois et égouttez au fur et à mesure les aubergines sur une feuille de papier absorbant.

Badigeonnez l'intérieur du plat à gratin avec une cuillère à café d'huile d'olive. Nappez le fond avec 1/2 cm de concassée. Disposez les aubergines dessus. Saupoudrez de basilic haché. Mettez une deuxième couche de concassée et d'aubergines. Saupoudrez de basilic. Nappez avec une troisième couche de concassée. Saupoudrez avec un peu de chapelure. Cuire au four au bain-marie 15 minutes.

Cardons à la moelle

Ingrédients :
1 pied de cardon
(750 g de cardons net).
20 cl de crème.
1 cuillerée à soupe
de farine.
Beurre.
Gruyère.
60 g de moelle.

PRÉPAREZ les cardons, il faut enlever les branches dures et trouver jusqu'au cœur les branches tendres. Tronçonnez-les tous les 10 cm environ, il ne faut pas utiliser la partie terminale et feuillue.

Il faut enlever tous les filandres et les frotter avec un citron.

Préparez un blanc, c'est-à-dire de l'eau dans laquelle on aura rajouté une cuillerée à soupe de farine diluée à froid avec le jus d'un demi-citron. Portez à ébullition et jetez les cardons dedans et laissez cuire environ 2 heures.

Faites réduire 20 cl de crème, faites revenir les cardons dans un peu de beurre, mélangez ensuite les tronçons de cardons et la crème et dressez dans un plat à gratin.

Pochez 10 minutes, à l'eau salée, la moelle de bœuf. L'égoutter et la tailler en grosses lames. Posez ces lames sur les cardons, mettez un peu de gruyère et faites gratiner au four, au bain-marie, une vingtaine de minutes.

Chou à l'estragon

Ingrédients pour 4 personnes :

25 feuilles
de choux frisé.
6 tranches de lard fumé *(fines)*.
2 oignons nouveaux.
50 g de beurre.
1 botte d'estragon.
Sel, poivre.

CHOISISSEZ de belles feuilles de chou frisé. Enlevez les côtes centrales et blanchissez-les une minute dans une grande casserole d'eau salée. Rafraîchissez-les dans l'eau glacée, égouttez-les et séchez-les.

Émincez les tranches de lard en julienne. Hachez finement les oignons et les feuilles d'estragon.

Émincez grossièrement les feuilles de choux. Mettez dans une casserole le beurre à feu doux en même temps que les lardons et les oignons.

Dès que le beurre est moussant, ajoutez le chou, salez et poivrez. Laissez bien mijoter à feu doux une dizaine de minutes, le temps de bien chauffer les légumes. Ajoutez l'estragon haché, remuez bien et mettez à point.

Endives à l'orange

Ingrédients :
400 g d'endives.
1 orange.
20 g de beurre.
1/2 citron.
20 g de sucre en poudre.
Huile.
Sel, poivre.

PRÉLEVEZ très finement le zeste d'orange et coupez-le en julienne très très fine. Pressez le jus d'orange.

Coupez les endives de biais. Les mettre dans une casserole avec sel et poivre, 20 g de sucre en poudre, 4 cuillerées à soupe de jus d'orange, 1 noix de beurre. Faire cuire à feu vif pendant quelques minutes, puis à feu doux jusqu'à l'évaporation complète du jus d'orange.

Blanchir les zestes d'orange afin de leur faire perdre leur amertume et les mélanger aux endives.

Celles-ci peuvent être servies avec des pâtes ou des coquilles Saint-Jacques, par exemple.

Petits navets confits

Ingrédients :

200 g de navets.
20 g de beurre.
18 g de sucre semoule.

PELEZ les navets. Éventuellement les canneler, c'est-à-dire taillez de haut en bas, avec un couteau spécialement destiné à cet usage, des petits sillons tous les 1 cm, de façon à obtenir ensuite des rondelles dentelées. Coupez en rondelles de 3 à 4 mm d'épaisseur.

Portez une casserole d'eau à ébullition et plongez-y les rondelles de navets pendant 4 minutes. Retirez, plongez-les dans l'eau bien froide pour stopper la cuisson, puis égouttez-les.

Faites fondre dans une poêle 15 grammes de beurre avec 2 cuillerées à soupe d'eau et 1 cuillerée à soupe de sucre semoule et faites revenir les rondelles de navets à feu très doux en les remuant régulièrement et en évitant de les laisser dorer. Les navets sont confits lorsque le jus de cuisson commence à caraméliser.

Goûtez pour vérifier. Ils doivent être fermes, mais pas croquants. S'ils manquent un peu de cuisson, rajoutez 1 cuillerée d'eau et remettre sur le feu. Lorsqu'ils sont cuits, maintenez-les au chaud.

Vous pouvez éventuellement poêler des escalopes de foie de canard pour accompagner les navets.

Fenouil au four

Ingrédients pour 4 personnes :

1 kg de mini-fenouils.
1/2 botte de coriandre.
2 anis étoilés.
1 litre de vin blanc.
Huile d'olive.
Sel, poivre.
100 g de poitrine salée.

DANS une casserole, faites chauffer l'huile d'olive, ajoutez les mini-fenouils après les avoir lavés. Faites-les revenir avec une légère coloration, déglacez au vin blanc, coriandre et anis, sel, poivre et poitrine salée.

Faites braiser les fenouils au four (220 °C), 30 à 40 minutes environ.

Enlevez les fenouils et égouttez-les. Faites réduire, passez la sauce au chinois étamine.

Fleurs de courgettes farcies à ma façon

Ingrédients :
50 g de croûtons de pain grillé.
10 g de persil plat.
20 pignons de pin grillés.
1 pointe de couteau d'ail haché.
20 g de parmesan en lamelles.
10 g d'olives noires dénoyautées.
50 g d'aubergines taillées en petits cubes frits.
16 fleurs de courgettes avec courgettes.

Pâte à frire :
110 g de farine.
33 cl de bière.
40 g de levure de boulanger.

Mélanger le tout *(à utiliser tout de suite si vous le voulez)*.

Mettez de côté 4 fleurs pour les fleurs frites. Coupez les fleurs à ras de la courgette et ouvrez-les. Ensuite, taillez en biseaux les courgettes qui se trouvent sous les fleurs, récupérez ainsi 150 g de courgettes. Incisez les fleurs de bas en haut, de façon à les ouvrir et à retirez les pistils.

Blanchissez les courgettes 3 minutes en tenant les fleurs au-dessus d'une casserole d'eau bouillante, puis laissez tomber également les fleurs dans l'eau bouillante pendant 1 minute. Égouttez sur du papier absorbant.

Préparez la farce avec tous les ingrédients et mélangez. Farcissez les fleurs. Préparez ensuite la pâte à frire, selon la recette.

Étalez les fleurs ouvertes sur une plaque, les badigeonner au pinceau avec la pâte à frire et les frire dans l'huile d'arachide pas trop chaude uniquement du côté de la pâte. Ne pas les laisser se colorer. Étalez ensuite sur une plaque et faites-les sécher 24 heures dans une étuve à 60 °C.

Préparez une vinaigrette à l'huile d'olive, avec du vinaigre balsamique. Chauffez légèrement les fleurs farcies au four et disposez-les dans l'assiette avec la fleur frite au centre et mettez un peu de vinaigrette sur chaque fleur farcie.

Croustade de cèpes

Ingrédients :
Pâte feuilletée :
250 g de farine.
150 g de beurre.
80 cl d'eau froide.
7 g de sel.
70 g de beurre fondu.
800 g de cèpes frais.
Huile d'olive.
Sel, poivre.
25 g d'échalotes.
250 g de crème.
1 œuf.

FEUILLETAGE : dans un saladier, versez 10 cl d'eau et le sel. Ajoutez 35 g de beurre fondu puis 200 g de farine. Formez une boule avec cette détrempe et fendez-la en croix. Posez-la sur un papier film et mettez-la 1/2 heure au réfrigérateur.

Après 1/2 heure de repos, sortez 150 g de beurre du réfrigérateur, posez-le sur un papier sulfurisé et, en tapant dessus avec le rouleau, formez ce beurre en un carré de 10 cm de côté et 1 cm d'épaisseur. Le beurre ne doit pas être trop ferme. Farinez légèrement, reprenez la détrempe qui a durci au réfrigérateur. Formez un disque de 1 cm d'épaisseur. Étendez ce disque en lui donnant la forme d'une croix. Posez le beurre au centre et rabattez les 4 côtés de façon à avoir une enveloppe carrée. Farinez légèrement. Abaissez ce carré au rouleau en faisant un rectangle de 30 x 10 cm et pliez ce rectangle en 3 de façon à obtenir à nouveau un carré de 10 cm de côté. Tournez d'un quart de tour sur la gauche, farinez et détendez-le en un rectangle de 30 x 10 cm et pliez en trois. Le premier tour est terminé.

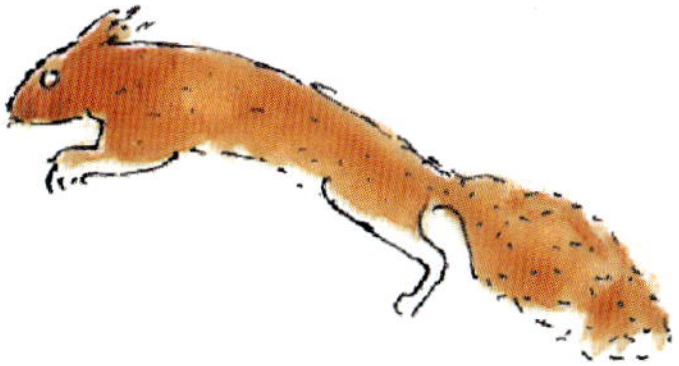

Enfoncez deux doigts dans la pâte et laissez reposer 1 heure au frigo. Au bout d'une 1/2 heure, vous refaites exactement les explications ci-dessus et enfoncez 4 doigts pour se rappeler, et laissez reposer 1/2 heure au frigo. Au bout d'une 1/2 heure, refaites exactement les explications ci-dessus et enfoncer 6 doigts pour se rappeler, et laissez reposer 1/2 heure au frigo. Pendant ce temps : essuyez les cèpes avec un torchon humide. Coupez-les en quartier. Réservez. Faites sauter les cèpes, mettez l'échalote hachée, ajoutez la crème. Faites réduire et assaisonnez. Réservez.

Repressez la pâte et étendez-la. Coupez à l'emporte-pièce une abaisse de pâte de 8 cm de diamètre et une autre de même diamètre où vous aurez enlevé à l'emporte-pièce le milieu. Mettez-les sur une plaque à pâtisserie. Passez la dorure au pinceau et faites cuire au four 250 °C pendant environ 8 à 10 minutes.

Retirez du four et laissez refroidir. Enlevez le couvercle et garnissez la croustade.

Raviolis de truffes aux poireaux

Ingrédients
pour 6 personnes :

Pour 500 g
de pâte à raviolis :
400 g de farine.
15 g de sel.
4 œufs entiers, 5 jaunes.

25 g de truffes fraîches.
4 poireaux.
1 pomme de ris de veau
de 300 g.
Sel, poivre.
Carotte, oignon, céleri.
1 dl de crème.
1/8 l de jus de truffes.
20 cl de vin blanc.
100 g de beurre.

FAITES votre pâte à raviolis avec 400 g de farine, 15 g de sel, 4 œufs entiers et 5 jaunes. Travaillez le tout, laissez reposer 2 heures. L'étendre très finement.

Faites dégorger les riz de veau à l'eau froide, puis les blanchir. Enlevez la membrane qui les entoure et, dans une casserole avec les légumes coupés en brunoise (carotte, oignon, céleri), faites-les revenir au beurre afin qu'ils colorent, puis mouillez-les avec le vin blanc. Couvrir et mettre au four.

Sortez les ris de veau et laissez-les refroidir afin d'enlever tous les filaments et membranes qui restent. Coupez-les en petits dés.

Faites cuire, dans un peu d'eau salée et de beurre, les blancs de poireaux taillés en petits carrés.

Pour la sauce, faites un jus de poireau avec 1/2 litre d'eau et le vert de 4 poireaux. Laissez cuire une demi heure.

Mixez, passez au chinois, ajoutez un dl de crème et 100 g de beurre. Laissez réduire et incorporez au dernier moment le jus de truffes.

Faites les raviolis de la forme que vous voulez, badigeonnez avec un pinceau trempé dans un œuf et mettez y une tranche de truffe fraîche, 1 dé de ris de veau braisé et une cuillère à café de poireau cuit.

Assaisonnez, refermez d'une autre abaisse de raviolis et détaillez.

Faites-les cuire 5 minutes dans une eau très salée. Égouttez-les et trempez-les dans la sauce.

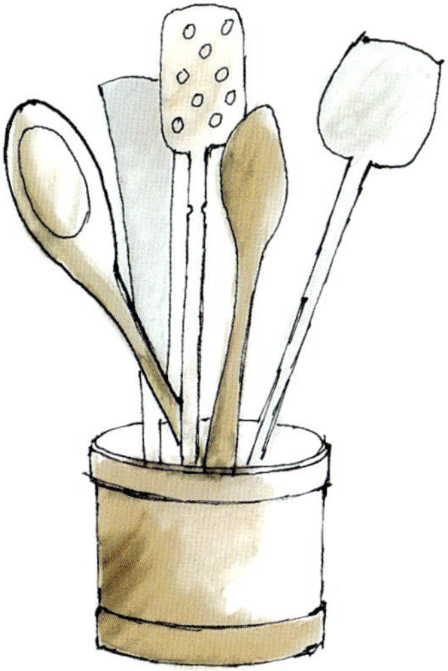

Millefeuille de blettes aux truffes

Ingrédients pour 6 personnes :

6 blettes,
les plus larges possible.
90 g de truffes.
1 céleri boule.
60 cl de jus de truffes.
10 cl de crème fraîche liquide.
Sel.
2 cuillerées à soupe de beurre.
Bouillon de volaille.

ÉPLUCHEZ les blettes en les laissant entières. Plongez-les dans l'eau bouillante, légèrement citronnée, surveillez la cuisson, les blettes doivent rester fermes. Une fois la cuisson achevée, égouttez-les et taillez-les en rectangles de 10 cm x 5 cm. Faites cuire 30 g de truffes fraîches dans 2 cuillerées à soupe de bouillon de volaille, passez au mixeur.

Réalisez une purée de céleri : épluchez le céleri et coupez-le en dés. Faites-le cuire dans 1/4 de litre de lait et 3/4 de litre d'eau salée. Une fois cuit, égouttez-le et réalisez la purée comme une purée traditionnelle avec de la crème.

Montage

Sur un rectangle de blettes, montez successivement une couche de truffes hachées, une couche de purée de céleri, des tranches de truffes et le deuxième rectangle de blettes. Enfournez le millefeuille au four *(thermostat 3)* pendant 20 minutes.

Réalisation de la sauce

Dans un bouillon de poule légèrement réduit et monté au beurre, ajoutez du jus de truffes, salez, poivrez et émulsionnez.

Présentation

Nappez l'assiette avec la sauce et déposez-y le millefeuille de blettes aux truffes. Au moment de servir ajoutez quelques bâtonnet de truffes.

Fantaisie en blanc & noir

Ingrédients :
2 truffes noires Mélanosporum, d'environ 20 g.
2 truffes blanches si possible, pesant aussi 20 g environ.
50 g de beurre.
4 tranches de pain de campagne, pour toaster.
Persil.
Un peu d'armagnac.

COUPEZ les truffes en tranches fines d'environ 1 mm. Les placer dans un bol avec un petit peu d'armagnac et laissez mariner. Toastez les tranches de pain et tartinez-les avec le beurre ramolli et mettez par-dessus, en alternant, une rondelle de truffe blanche, une rondelle de truffe noire, et ainsi de suite de façon à recouvrir toute la tranche de pain.

Ajoutez un peu de persil par-dessus, du sel, du poivre. Servez.

Mousseline de céleris-raves

Ingrédients
pour 4 personnes :
2 pieds de céleris-raves.
1/2 litre de lait.
2 *Vache qui rit*.
Sel, poivre.
10 dl de crème.
1 noix de beurre.

ÉPLUCHEZ les céleris, coupez-les grossièrement, mettez-les dans une casserole, recouvrez-les de lait, salez et laissez cuire sur le feu. Lorsqu'ils sont cuits, égouttez et passez au presse-purée. Mettez-les dans un mixer, incorporez la crème puis la *Vache qui rit* au dernier moment, pour que ce soit bien onctueux.

Réchauffez dans une casserole et incorporez la noix de beurre. Mettez à point en sel.

Facultatif : il est possible de rajouter une pomme de terre afin d'épaissir cette purée.

Oignons frits

Ingrédients :
2 oignons.
Sel.
100 g de farine.
Huile.
20 dl de lait.

PRENEZ de préférence des oignons frais de grosseur moyenne, épluchez-les, détaillez en rondelles d'un demi-centimètre d'épaisseur. Défaites les anneaux de ces rondelles. Assaisonnez de sel et trempez-les dans un peu de lait, farinez.

Secouez bien pour qu'il ne reste que très peu de farine et faites frire à l'huile brûlante.

Égouttez les oignons, épongez-les sur un papier absorbant, salez.

Les oignons frits sont employés principalement comme garniture avec une entrecôte, un poulet, etc.

Confiture d'oignons

Ingrédients :

500 g d'oignons.
20 g de beurre.
20 g de sucre en poudre.
5 dl de vinaigre de xérès.
5 cl de sirop
de grenadine.
75 cl de vin rouge.
25 cl de vin blanc sec.

Ustensiles :

1 sauteuse.
1 cuillère en bois.

La confiture d'oignons est un accompagnement délicieux pour les pâtés ou les terrines. Commencez par peler les oignons et émincez-les en fines lamelles.

Faites fondre les 20 g de beurre dans la sauteuse, mettez les oignons, remuez avec une cuillère en bois, ajoutez 20 g de sucre en poudre. Tournez régulièrement sur un feu assez vif jusqu'à ce que ça commence à caraméliser.

Versez dans la sauteuse 5 cl de sirop de grenadine. Continuez à tourner, le temps que tout soit bien coloré par la grenadine.

Ajoutez 5 cl de vinaigre de xérès, 75 cl de vin rouge et 25 cl de vin blanc. Remuez bien. Portez à ébullition et laissez réduire jusqu'à évaporation complète en remuant très souvent pour que ça n'attache pas et que ça ne brûle pas. Il ne subsiste alors dans le fond de la sauteuse que la confiture d'oignons.

Poivrons farcis à la brousse

Ingrédients :
12 mini-poivrons.
Huile d'olive.
250 g de brousse.
1 gousse d'ail.
30 g de persil plat.
Sel, poivre.
10 g d'échalote hachée.
20 g de chapelure.
2 jaunes d'œuf.

PRENEZ les poivrons et colorez-les à feu vif pour retirer la peau. Coupez la partie proche du pédoncule de façon à obtenir une sorte de couvercle et mettez à macérer à l'huile d'olive. Assaisonnez.

Faîtes la farce : mélangez la brousse avec une gousse d'ail hachée, 30 g de persil plat haché, 10 g d'échalote hachée, la chapelure et les jaunes d'œufs.

Farcissez les poivrons de cette farce *(après les avoir égouttés sur un papier absorbant)* et mettez-les dans un plat allant au four. Faites cuire 30 à 35 minutes à feu doux. Retirez.

Dressage : disposez sur un lit de roquette assaisonnée à l'huile de noix acidulée et de vinaigre balsamique.

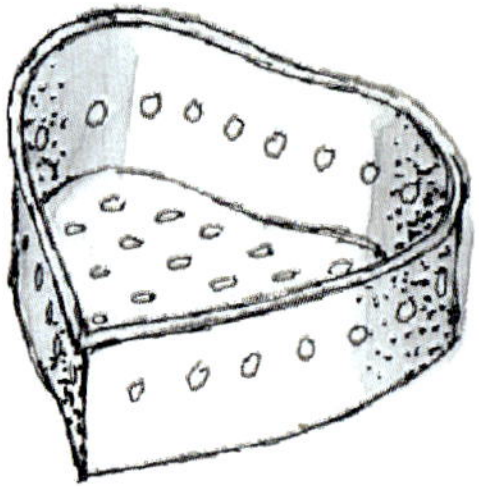

Petits légumes farcis

Ingrédients
pour 4 personnes :

4 petites courgettes rondes.
4 oignons.
4 petites aubergines.
4 petits poivrons rouges.
4 champignons de Paris.
2 kg de champignons de Paris pour la farce.

Le principe est le suivant : il faut mélanger une duxelle de champignons avec la chair de courgette dans les courgettes, avec la chair des oignons dans les oignons, la chair des aubergines dans les aubergines, et ainsi de suite. Commencez par faire une duxelle de champignons, donc hachez menu les 2 kg de champignons. Faites-les revenir avec un peu d'échalote dans du beurre et mélangez bien, remuez bien de façon à ce que toute l'eau des champignons s'évapore.

a. Les courgettes. Faites-les cuire dans l'eau salée cinq minutes en les gardant bien fermes, sortez-les et posez-les sur du papier absorbant, coupez-les au 2/3 de leur hauteur de façon à obtenir un chapeau. Mélangez la pulpe à la proportion d'un tiers de champignons pour deux tiers de pulpe, salez et poivrez. Farcissez les courgettes avec le mélange et mettez-les sur une plaque beurrée avec un peu de parmesan au dessus et finir la cuisson au four.

b. Les oignons. Faites la même chose pour les oignons. Faites-les cuire à l'eau, ne pas trop les éplucher afin qu'ils ne se défassent pas. Mélangez également la chair de l'oignon, pour la même proportion, avec la duxelle de champignons.

c. Les aubergines et les poivrons seront cuits au four et non pas à l'eau dans un premier temps. Pratiquez de la même façon.

Quant aux champignons, il faut les vider tout de suite et ne pas les faire cuire. On garde les queues pour la duxelle. Citronnez-les légèrement pour qu'ils ne noircissent pas. Faites-les cuire également au four une fois qu'ils sont farcis. Les temps de cuisson sont différents dans l'eau et au four suivant les légumes. Faites attention à ce que les premières cuissons ne soient pas trop longues afin que les légumes se tiennent avant de les farcir et de les remettre au four.

Pommes de terre écrasées au beurre de ciboulette

Ingrédients :
400 g de pommes de terre.
200 g de beurre frais.
2 bouquets de ciboulette.
Sel, poivre.
Huile d'olive.

PRÉPAREZ le beurre de ciboulette *(beurre frais en pommade, mixé avec ciboulette et sel, et passé au tamis)*. Prenez des pommes de terre, lavez-les et faites-les cuire façon « robe des champs » dans l'eau salée.

Une fois cuites, épluchez-les et écrasez à la fourchette. Rajoutez les noisettes de beurre de ciboulette que vous avez préparées avant.

Salez, poivrez, rajoutez un trait d'huile d'olive.

Pommes de terre soufflées

Ingrédients :
12 pommes de terre
à chair jaune
et assez grosses.
Huile d'arachide.
Sel.

COMMENCEZ par éplucher les pommes de terre. Taillez des tranches d'environ trois mm d'épaisseur et épongez-les au maximum dans un linge.

Faites chauffer de l'huile d'arachide dans une friteuse et veillez à ce que l'huile ne soit pas trop chaude. Jetez les rondelles de pommes de terre, mais pas toutes à la fois, et attendre quelques minutes puis élevez la température tout en remuant avec une écumoire. Ne pas arrêter de remuer.

Retirez ensuite les pommes de terre de façon à ce qu'elles s'égouttent.

Faites chauffer à ce moment là la friture au maximum, jetez de nouveau les pommes de terre pour qu'elles y plongent entièrement. Elles gonflent et dès quelles sont bien dorées et sèches, égouttez-les, salez-les légèrement, servez aussitôt.

Cette recette n'est pas originale, mais les pommes soufflées ont pratiquement disparu des cartes de restaurant.

Purée de pommes de terre à l'huile d'olive

Ingrédients pour 4 personnes :
360 g de pommes de terre pelées.
1,2 dl de crème.
1,2 dl d'huile d'olive de Maussane.
Sel, poivre.
Cayenne.

FAITES cuire les pommes de terre pelées à l'eau bouillante salée. Une fois cuites, passez au presse-purée. Mettez dans une casserole sur feu moyen avec la crème.

Remuez à la spatule en bois jusqu'à absorption de la crème, ajoutez l'huile d'olive de Maussane toujours sur feu doux, en tournant avec la spatule en bois.

Lorsque l'huile aura été absorbée, rectifiez l'assaisonnement en sel, poivre et cayenne.

Ragoût de haricots blancs et chanterelles

Ingrédients
pour 4 personnes :
1 kg de haricots blancs non écossés.
1 carotte.
1 oignon.
1 clou de girofle.
100 g de beurre.
300 g de chanterelles.
1 échalote.
Ciboulette.
Sel, poivre.
Bouquet garni.
1 tomate émondée.
1 cébette.

ÉCOSSEZ les haricots blancs, lavez, égouttez. Nettoyez les chanterelles. Épluchez la carotte, l'oignon et l'échalote. Mettez les haricots dans une casserole d'eau froide, portez à ébullition. Mettez oignon, carotte, bouquet garni et laissez cuire environ 40 minutes. Une fois cuits, laissez refroidir. Faites sauter à part les chanterelles avec l'échalote hachée et la ciboulette.

Coupez la tomate en dés. Prenez les haricots blancs égouttés et mettez-les dans un sautoir avec 30 g de beurre. Mélangez avec les chanterelles, le sel, le poivre et rajoutez la tomate coupée en dés et la cébette ciselée.

Mélangez bien et mettez à point.

Gratin dauphinois Baumanière

Ingrédients
pour 6 personnes :
1,5 kg de pommes de terre.
75 cl de crème fraîche.
1 gousse d'ail.

Ustensiles :
1 plat à gratin allant sur la flamme.
1 plat dans lequel on peut mettre le précédent au bain-marie.
1 bol.
1 mandoline.

Four sur position maximale.

PELEZ les pommes de terre et coupez-les en rondelles d'environ 2 mm d'épaisseur. L'idéal est de faire cette opération avec une mandoline afin d'obtenir une épaisseur constante.

Mettez les pommes de terre au fur et à mesure dans un bol, salez, poivrez et bien remuer.

Frottez le fond du plat à gratin avec l'ail.

Préparation

Versez la crème fraîche dans le plat à gratin et mettre celui-ci sur le feu. Contrairement à ce que beaucoup de gens croient, la crème ne tourne pas sur le feu ; il n'y a donc pas de crainte à avoir en la faisant bouillir.

Laissez la crème réduire au moins de moitié, jusqu'à ce qu'elle ait épaissi et soit devenue bien onctueuse.

Baissez le feu à ce moment-là et incorporez progressivement les rondelles de pommes de terre en les enfonçant avec une fourchette, de manière que la crème enrobe bien chacune d'elles. Lorsque le plat est garni, tapotez sur la surface pour la niveler et pour faire remonter un peu de crème sur le dessus.

Maintenez le plat sur le feu doux, le temps que la crème se remette à bouillir, et laissez encore réduire 5 minutes.

Retirez le plat et mettez-le au four au bain-marie. Lorsque le gratin aura pris une bonne couleur dorée, couvrez-le d'une feuille d'aluminium.

Le temps de cuisson d'un gratin varie en fonction de la nature du four et de la variété des pommes de terre. Dans un four très chaud, 25 minutes peuvent suffire, mais le double peut s'avérer nécessaire avec un autre four. Notons à ce sujet qu'il n'est pas gênant pour cette recette de s'y prendre un peu à l'avance car le gratin, une fois cuit, peut patienter sans inconvénient une heure dans un four tiède.

La cuisson se vérifie tout simplement en enfonçant une lame de couteau dans les pommes de terre.

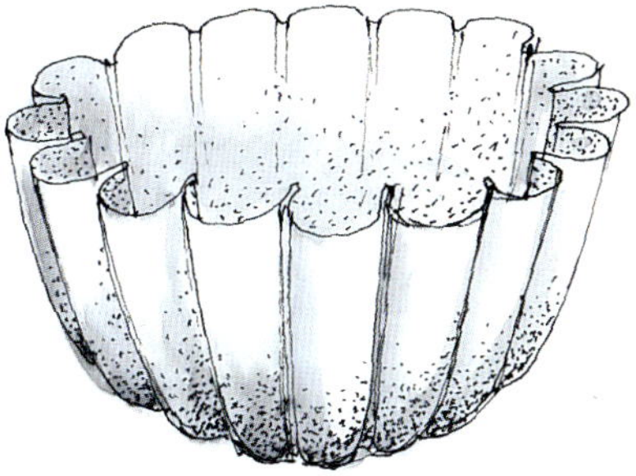

Ravioles glacées de céleris, aux champignons de saison, à l'orange

Ingrédients
pour 8 personnes

3 céleris boules.
2 litres de fond de poule.
1 kg de champignons
de saison.
Le jus de 6 oranges
et zestes.
2 dl de crème.
1 botte de ciboulette.
3 échalotes.
Le jus d'un citron vert.

CUISEZ les céleris dans un fond de poule pendant 20 minutes et laissez refroidir dans le fond. À froid, coupez des tranches de céleri d'une épaisseur de 2 cm. Coupez ensuite avec un cercle de la dimension que vous voulez. Réservez.

Faites une duxelle : suez les échalotes hachées, ajoutez les champignons de saison hachés, mouillez avec le jus d'orange à hauteur ainsi que le zeste et réduisez jusqu'à évaporation totale du jus. Quand vous obtenez une duxelle sèche, laissez refroidir.

Farcissez l'intérieur des rondelles de céleris et repliez-les sur elles-mêmes.

Pour la sauce : montez légèrement la crème *(ou yaourt)*. Mélangez avec la ciboulette hachée et le jus de citron vert.

Servez le tout glacé, sur assiette glacée.

Tarte aux épinards

Ingrédients :

1 pâte feuilletée
de 20 cm de diamètre.
1,5 kg d'épinard.
4 filets d'anchois.
50 g de beurre.

Temps de préparation :

15 minutes.

Temps de cuisson :

35 minutes.

BLANCHISSEZ très rapidement les épinards très frais et jeunes. Hachez-les grossièrement et passez-les au beurre. Salez et poivrez.

Dans un moule à tarte en fer ou de préférence en fonte *(car la cuisson est à la fois plus rapide et plus égale)*, déposez une pâte feuilletée de quelques millimètres. Remplissez-la avec les épinards. Sur la surface, déposez en croisillons des filets d'anchois conservés à l'huile d'olive, mettez 2 ou 3 noisettes de beurre sur la tarte et enfournez 20 minutes, à température très élevée.

Vous pouvez remplacer les filets d'anchois par des sardines fraîches que vous aurez eu soin de faire cuire dans une poêle très rapidement avec un peu d'huile d'olive.

Coulis de tomates fraîches

Ingrédients :
2 kg de tomates.
1 oignon.
3 gousses d'ail.
4 cuillerées à soupe d'huile d'olive.
1 cuillerée à soupe de sucre en poudre.
1 cuillerée à soupe de concentré de tomate.
Sel, poivre.
Basilic ou estragon *(facultatif)*.
3 queues de persil.
1 petite branche de thym.
1 feuille de laurier.
25 cl de fond de volaille.

Ustensiles :
1 grand faitout.
1 petit couteau pointu.

ÉPLUCHEZ l'ail, pelez et hachez l'oignon. Mondez les tomates de la façon suivante : commencez par tailler, avec un petit couteau pointu, un cône autour de la queue afin de retirer en même temps la partie la plus dure de la chair.

Pour peler les tomates : taillez une petite croix à la base des fruits puis plongez-les 12 secondes dans une casserole d'eau en ébullition et ensuite 15 secondes dans l'eau froide. La peau se retire alors toute seule.

Coupez les fruits dans le sens de la largeur et, à l'aide du couteau, retirez les pépins et la pulpe pour ne conserver que la chair.

Dans le faitout, faites dorer les 3 gousses d'ail entières avec l'huile d'olive. Ajoutez l'oignon haché et faites-le très légèrement cuire (il ne faut pas lui laisser le temps de blondir), puis incorporez les tomates mondées, le concentré de tomate, le bouillon de volaille, sel, poivre, sucre en poudre, persil, thym, laurier et, éventuellement, quelques feuilles d'estragon ou de basilic. Laissez cuire à feu moyen pendant 40 minutes.

Tomates-cerises sautées à la ciboulette

Ingrédients
pour 4 personnes :
1 kg de tomates-cerises.
50 g de beurre.
25 g d'échalotes.
1 bouquet de ciboulette.
Sel, poivre.

PRENEZ les tomates-cerises, mondez-les en prenant soin de faire une petite entaille dessus. Plongez-les dans l'eau bouillante 30 secondes et rafraîchissez, puis épluchez.

Faites-les sauter au beurre avec une pincée d'échalotes hachées et la ciboulette. Salez, poivrez légèrement.

Vous pouvez ajouter un peu d'ail haché au dernier moment.

Tomates farcies

Ingrédients :
1 kg de tomates.
Sel, poivre.
Huile d'olive.
500 g de champignons de Paris.
400 g de jambon.
150 g de mie de pain.
100 g de parmesan râpé.

CHOISISSEZ des tomates de moyenne grosseur et de forme régulière, coupez-les du côté du pédoncule et ouvrez-les. Pressez-les légèrement pour enlever l'eau et les pépins. Assaisonnez intérieurement de sel et de poivre. Rangez-les sur une plaque huilée et mettez dans chaque tomate un petit filet d'huile d'olive.

À part, préparez une farce de duxelle de champignons, une pointe d'ail, du maigre de jambon haché et un peu de mie de pain. Salez, poivrez.

Farcissez les tomates en dôme, saupoudrez de mie de pain et de parmesan. Arrosez d'huile d'olive et cuisez-les au four 14 à 16 minutes.

Tagliatelles aux tomates et aubergines à la cardamome

Ingrédients pour 4 personnes :

400 g de tagliatelles.
2 grosses tomates bien mûres.
2 aubergines.
10 g de cardamome moulue.
Huile d'olive.

MONDEZ les tomates, commencez par tailler, avec un petit couteau pointu, un cône autour de la queue afin de retirer la partie un peu dure de chair pour que les tomates aient une petite croix à la place du fruit. Puis plongez doucement dans une casserole d'eau en ébullition et ensuite 15 secondes dans l'eau froide. La peau se retire alors toute seule. Coupez la tomate dans le sens de la largeur et à l'aide du couteau retirez les pépins et la pulpe pour ne conserver que la chair.

Préparer le caviar d'aubergines à la cardamome

Coupez l'extrémité des aubergines, enveloppez-les dans du papier d'aluminium, puis mettez au four 30 minutes environ, de façon à ce que la chair puisse se retirer avec une cuillère en les ouvrant en deux.

Mixez la chair avec l'huile d'olive, assaisonnez de façon à obtenir une purée onctueuse. Ajoutez la cardamome et bien mélanger.

Mettez à cuire dans deux litres d'eau salée les tagliatelles, environ une dizaine de minutes, égouttez-les, mettez-les dans un plat avec le mélange de caviar d'aubergines et des petits dés de tomates.

Farfalles aux fonds d'artichauts, fèves et pointes d'asperges

Ingrédients
pour 4 personnes :

400 g de farfalles.
4 petits artichauts violets.
4 x 4 pointes d'asperges vertes.
500 g de fèves.
1/2 feuille de laurier.
1 branche de thym.
2 cuillerées d'huile d'olive.
3 cuillerées à soupe de vin blanc.
Sel, poivre.

TOURNEZ les artichauts de façon à obtenir uniquement les fonds, laissez environ 3 cm de queue et coupez ces fonds en 4 parties égales. Faites-les revenir dans l'huile d'olive, dans une casserole à fond épais. Mouillez avec un peu de vin blanc et couvrez les artichauts en ajoutant de l'eau. Mettez dans la casserole la demi-feuille de laurier et la branche de thym. Laissez cuire jusqu'à l'évaporation complète du liquide. Mettez de côté.

Faites cuire à grande eau salée les pointes d'asperges pendant une dizaine de minutes. Rafraîchissez-les immédiatement à l'eau froide de façon à arrêter la cuisson. Écossez les fèves et enlevez la deuxième peau. Faites-les cuire à l'eau bouillante salée environ 4 minutes et rafraîchissez-les également immédiatement.

Dans une casserole avec un peu de beurre, faites revenir les pointes d'asperges, les artichauts et les fèves. Faites bouillir dans deux litres d'eau les farfalles environ 2 minutes, égouttez-les et mélangez avec les fèves, les artichauts et les pointes d'asperges.

Spaghettis au fenouil safrané

Ingrédients pour 4 personnes :

400 g de spaghettis.
3 fenouils.
1 pincée de safran.
3 «étoiles» de badiane.
Huile d'olive.
1 cuillerée à café de pastis.
1/2 litre de bouillon de volaille.
Sel, poivre.

LAVEZ et coupez les fenouils en petits morceaux d'un centimètre carré environ, en biseau si possible.

Faites revenir à l'huile d'olive les morceaux de fenouil pendant 2 minutes environ, puis mouillez avec le fond de volaille. Ajoutez une pincée de safran, la badiane et laissez cuire environ 15 minutes de façon à ce que le fenouil soit bien craquant.

Mettez à cuire dans deux litres d'eau salée les spaghettis, environ une dizaine de minutes. Égouttez-les et mélangez-les au fenouil.

Spaghettis aux trois céréales, aux chanterelles et aux olives

Ingrédients pour 4 personnes :

400 g de spaghettis.
400 g de chanterelles.
20 olives vertes.
20 olives noires.
1 cuillerée de bouillon de volaille.
20 g de beurre.
Ciboulette.
Sel, poivre.

LAVEZ et coupez les pieds de chanterelles. Faites-les sauter à l'huile très chaude, pour qu'elles rendent leur eau, égouttez-les et réservez au chaud.

Blanchissez les olives vertes, 2 fois de suite, dans de l'eau bouillante, pendant 3 minutes à chaque fois.

Dénoyautez les olives vertes et noires.

Faites sauter au beurre les chanterelles une première fois, ajoutez les olives coupées en deux dans le sens de la longueur, une cuillerée de bouillon de volaille et 10 g de beurre.

Mettez à bouillir les pâtes dans deux litres d'eau salée environ, pendant une dizaine de minutes. Égouttez-les et mettez-les dans un saladier avec le mélange des chanterelles et des olives. Remuez et servez bien chaud.

Spaghettis au blé complet et au pistou

Ingrédients pour 4 personnes :

400 g de spaghettis.
1 gousse d'ail.
15 feuilles de basilic.
5 cuillerées à soupe d'huile d'olive.
2 tomates.
50 g de pignons.
100 g de parmesan râpé fin.
Sel, poivre.

MONDEZ les tomates, commencez par tailler avec un petit couteau pointu, un cône autour de la queue afin de retirer la partie un peu dure de chair pour que les tomates aient une petite croix à la place du fruit, puis plongez doucement dans une casserole d'eau en ébullition et ensuite 15 secondes dans l'eau froide. La peau se retire alors toute seule. Coupez la tomate dans le sens de la largeur et, à l'aide du couteau, retirez les pépins et la pulpe pour ne conserver que la chair. Coupez la chair en petits dés.

Pelez et écrasez une gousse d'ail, hachez-la avec les feuilles de basilic et les pignons. Ajoutez l'huile d'olive et les tomates.

Faites cuire les spaghettis à grande eau bouillante salée, pendant une dizaine de minutes ; égouttez-les et mélangez-les dans un saladier dans lequel vous aurez mis le mélange d'huile d'olive, tomates, basilic et pignons.

Servez aussitôt avec le parmesan râpé.

Riz aux endives, à la badiane et à l'orange

Ingrédients pour 4 personnes :

200 g de riz Basmati.
3 cuillerées à soupe d'huile d'olive.
200 g d'eau.
300 g de jus d'orange.
2 endives.
Badiane « 5 étoiles ».
50 g de beurre.

LAVEZ les endives et coupez-les en rondelles d'un cm d'épaisseur. Pressez les oranges de façon à obtenir 30 cl de jus.

Dans une cocotte, faites chauffer 3 cuillerées à soupe d'huile d'olive, jetez-y 200 g de grains de riz basmati. Remuez quelques instants avec une cuillère en bois jusqu'à ce que le riz prenne une couleur nacrée. Mouillez avec l'eau et le jus d'orange, ajoutez les endives et la badiane et laissez cuire à feu doux jusqu'à absorbtion complète du liquide, environ 15 minutes.

Ajoutez 50 g de beurre et mélangez à la fourchette. Enlevez les «étoiles» de badiane et servez chaud.

Variante: salade de riz

Ne mettez pas les endives à cuire avec le riz.

Laissez refroidir le riz et faites une vinaigrette. Servez les endives crues en salade avec le riz et la vinaigrette.

Notez ici
vos petits secrets culinaires, ...

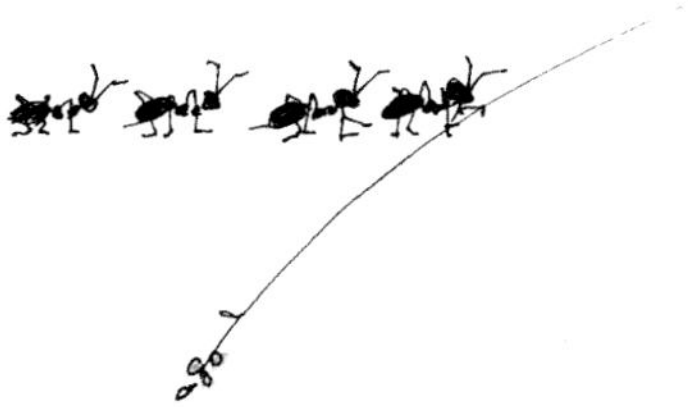

continuez-les ici ...

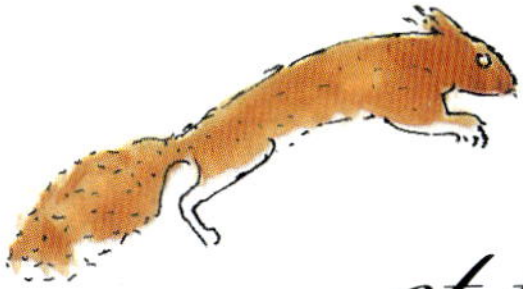

... et terminez-les sur cette page

Achevé d'imprimer
sur les presses de l'imprimerie Grafiche Zanini,
Bologna, Italia, en hiver 2001,
alors que les potagers des Baux-de-Provence
produisaient ces superbes légumes
de qualité et de fraîcheur,
nécessaires aux menus de légumes
de l'Oustau de Baumanière.

3ème édition

Les caractères typographiques numérisés, utilisés dans cet ouvrage sont les suivants :

Le texte courant est typographié en **Le Monde Livre**
créé en 1997 par Jean-François Porchez (92240 Malakoff),
caractère décliné de **Le Monde Journal**, créé en 1995 pour le quotidien du soir *Le Monde*.
Le titre de l'ouvrage est en **Le Monde Livre** gras italique.

Les titres des menus sont typographiés en **BickhamScript**,
créé en 1997, inspiré des écritures calligraphiques notariales du XVIIIe siècle.

[Yves Perrousseaux, 04110 Reillanne. E-mail : yves.perrousseaux@wanadoo.fr]